AF311551

1907 - Juni 15.

VENTE ✤ ✤ ✤ ✤ ✤ ✤

du Samedi 15 Juin 1907 ✤

Hôtel Drouot, Salle n° 7 ✤

Bibliothèque de Mr F......

Beaux Livres Modernes

Reliures d'Art

Livres ornés d'Aquarelles Originales

Me Maurice DELESTRE, Commissaire-Priseur

M. A. DUREL, Libraire-Expert ✤ ✤ ✤ ✤ ✤

LA LIBRAIRIE A. DUREL

fait paraître tous les deux mois

"L'INTERMÉDIAIRE DES BIBLIOPHILES"

CATALOGUE

DE

LIVRES ANCIENS

ET MODERNES

RARES, CURIEUX OU SINGULIERS

en tous genres

EN VENTE AUX PRIX NETS MARQUÉS

Ces Catalogues sont envoyés *franco* à toute personne qui en fait la demande par lettre affranchie.

L'envoi régulier n'en est cependant assuré qu'aux **personnes qui nous honorent parfois de leurs ordres.**

DIRECTION DE VENTES PUBLIQUES

DE

LIVRES ANCIENS & MODERNES

AUX CONDITIONS LES PLUS AVANTAGEUSES

ACHAT DE BIBLIOTHÈQUES

ET DE

LIVRES RARES & PRÉCIEUX

AU MAXIMUM DE LEUR VALEUR

Arras. — Imp. Schoutheer Frères, rue des Trois-Visages, 53.

CATALOGUE

D'UN CHOIX DE BEAUX

LIVRES MODERNES

LIVRES ORNÉS D'AQUARELLES

LA VENTE AURA LIEU

LE SAMEDI 15 JUIN 1907

à deux heures précises de l'après-midi

HOTEL DES COMMISSAIRES-PRISEURS, 9, RUE DROUOT

Salle n° 7, au premier étage

Par le Ministère

de Me MAURICE DELESTRE ✱, Commissaire-Priseur

5, RUE SAINT-GEORGES, 5 (IXe)

Assisté de M. A. DUREL, O. I. ◐ Libraire-Expert

21, Rue de l'Ancienne-Comédie, 9-11, Passage du Commerce (VIe)

☞ *Voir l'ordre de la Vacation au verso du titre.*

Les Livres pourront être examinés à notre Librairie jusqu'au Jeudi 13 Juin, de deux à cinq heures.

CONDITIONS DE LA VENTE

La vente se fera au comptant.

Les acquéreurs paieront **10 p. 100** en sus des adjudications.

Les livres devront être collationnés dans les vingt-quatre heures de l'adjudication. Passe ce délai, ils ne seront repris pour aucune cause.

M. A. DUREL, chargé de la vente, remplira aux conditions d'usage, les commissions des personnes qui ne pourraient y assister.

M. A. DUREL se réserve la faculté, dans l'intérêt de la vente, de réunir ou de diviser les numéros du Catalogue.

CATALOGUE

D'UN CHOIX DE BEAUX

LIVRES MODERNES

ÉDITIONS DE GRAND LUXE

Belles Reliures d'Art

LIVRES ORNÉS D'AQUARELLES ORIGINALES

PUBLICATIONS

de la Société des Amis des Livres

AUTEURS CONTEMPORAINS EN ÉDITIONS ORIGINALES

provenant de

LA BIBLIOTHÈQUE DE M' F......

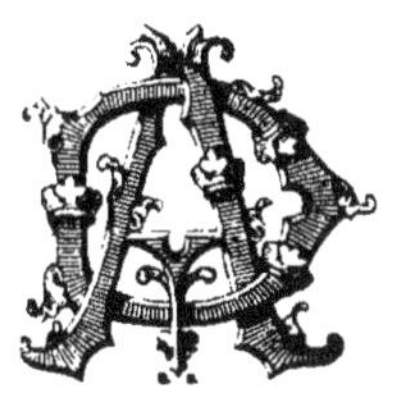

PARIS

A. DUREL, LIBRAIRE

21, RUE DE L'ANCIENNE-COMÉDIE, 21

9 ET 11, PASSAGE DU COMMERCE, (VIe ARR.)

1907

ORDRE DE LA VACATION

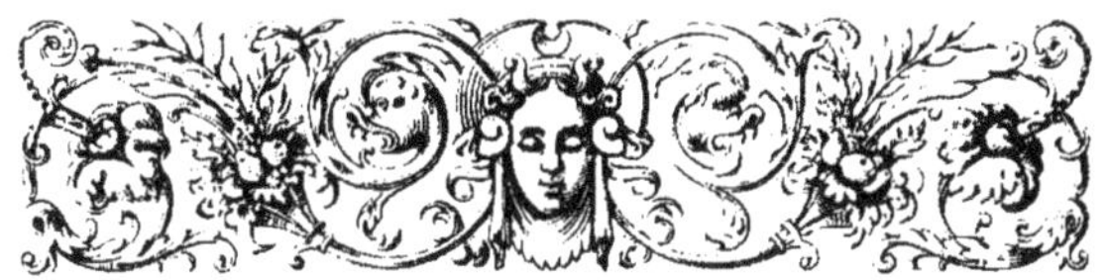

CATALOGUE

LIVRES MODERNES

PUBLICATIONS

de la Société des Amis des Livres

1. Diderot. Jacques le fataliste et son Maître. Douze dessins de Maurice Leloir, gravés à l'eau-forte par Courtry, de Los Rios, Mongin, Teyssonnières. *Paris. Imprimé pour les Amis des Livres, par G. Chamerot.* 1884, gr. in-8, cart. dos et coins de vélin blanc, non rog., couv.

> Édition tirée à **138** exemplaires, tous sur **papier du Japon** (n° 3), contenant deux suites des gravures (eau-forte et avant la lettre). Publié par les soins de M. Henri Béraldi.

2. ERASME. Eloge de la Folie, augmenté de la Préface d'Erasme, adressée à Thomas Morus, son ami. Notice de Gabriel Hanotaux, de l'Académie française. Quarante-six compositions gravées sur bois, de Auguste Lepère. *Pour les Amis des Livres. Paris*, 1906, in-4, en feuilles, couv., dans un carton.

> Édition tirée à **137** exemplaires imprimés et numérotés sous la presse de A. Lepère, sur **papier vélin de cuve** (n° 66).

3. **FRANCE** (Anatole). **Le Procurateur de Judée.** *Paris,
Société des Amis des Livres.* 1902, in-12, fig., br., couv.

> Tiré à 130 exemplaires numérotés (n° 2).
> Publié sous la direction de MM. Victor Mercier et Raymond Claude-Lafontaine.
> Compositions de Auguste-Fr. Gorguet, gravées à l'eau-forte par Louis Muller.
> Texte buriné par Frédéric Pimpe.
> Tirage en taille-douce par Ch. Wittmann.

4. **GAILLARDET et DUMAS** (Alexandre). **La Tour de
Nesles.** Illustrations de Robida, gravées en couleurs par
Bertrand. *Paris, Imprimé pour les Amis des Livres.*
1901, pet. in-4, mar. brun, cuir ciselé, modelé et peint
de Lucien Rudaux, couvrant entièrement le premier plat,
doublé de soie à ramages, large bande de mar. brun, formant encadrement, filets et ornem. dorés aux angles,
gardes de soie, doubles gardes, tr. dor. sur broch., couv.,
étui (*Carayon*).

> Édition tirée à **115** exemplaires numérotés à la presse (n° 86).
> Publié par les soins de MM. Eugène Paillet et Brivois.

5. **MAUPASSANT** (Guy de). **Le Vagabond.** Lithographies en couleurs par Steinlen. *Paris, Imprimé aux frais
de la Société des Amis des Livres, par Ph. Renouard,*
1902, in-4, br., couv. impr. en couleurs.

> Tiré à **115** exemplaires numérotés (n° 49).
> Publié par les soins de M. Paul Villeboeuf.

6. **MURGER** (Henry). Scènes de la Bohème. Avec un frontispice et douze gravures à l'eau-forte par Adolphe Bichard.
Publié sur l'édition originale (Paris, 1851). *Paris, Imprimé
pour les Amis des Livres, par D. Jouaust,* 1879, in-8, cart.
dos de vélin blanc, tête éb., non rog.

> Édition tirée à **118** exemplaires (n° 50), contenant deux suites des
> gravures, avec et avant la lettre. Publié par les soins de M. Cherrier.

7. **VIGNY** (Alfred de). Servitude et Grandeur Militaires. Dessins de H. Dupray, gravés à l'eau-forte par Daniel Mordant. *Paris, Imprimé pour les Amis des Livres, par A. Lahure,* 1885, gr. in-8, fig., cart. dos et coins de vélin blanc, non rog., couv.

Édition tirée à **121** exemplaires tous sur **papier du Japon** (n° 12), avec les gravures en 3 états dont l'eau-forte pure.
Publié par les soins de M. Henry Houssaye.

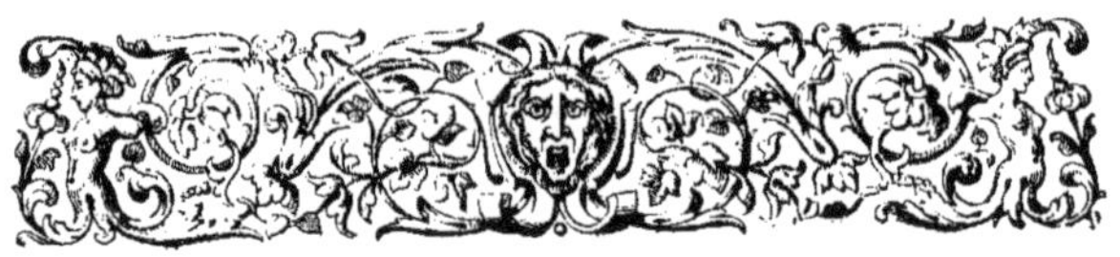

LIVRES ORNÉS

D'AQUARELLES ORIGINALES

8. **AUMALE** (Duc d'). **Les Zouaves et les Chasseurs à pied**. Esquisse historique. *Paris, Michel Lévy frères,* 1855, in-12, br.

> Édition originale, avec la couverture.
> Un des très rares exemplaires sur **papier de Hollande**, orné de **12 aquarelles originales** par **H. de Sta**.

9. **CLARETIE** (Jules). **Le Drapeau**. Ouvrage couronné par l'Académie française. *Paris, Calmann Lévy,* 1886, in-12, tiré pet. in-8, mar. La Vallière foncé, dos orné et mosaïqué, sur les plats branches de laurier, drapeau et glaive en mosaïque de mar. bleu, blanc, rouge et verte sertis or et à froid, bandes de mar. citron et fil. or formant encadrement, doublures et gardes en soie, bandes de mar. La Vallière foncé avec ornem. et fil. dor. formant encadrement, tr. dor. sur brochure, couv. (*Lucien Magnin*).

> L'un des **25** exemplaires tirés sur **papier du Japon** (n° 14), enrichi sur les marges de **32 superbes aquarelles originales** de **A. Bligny**.

10. **CLARETIE** (Jules). **Récits de Guerre**. Paris assiégé, 1870-71. Illustrations de Meissonier, A. de Neuville, E. D. (Detaille), Bataille, Pugis de Chavannes, Henri Regnault, etc.

Paris, Goupil, s. d., in-4, demi-rel, dos et coins de mar. grenat, tête dor., non rog. (Champs).

Superbe exemplaire enrichi de **43 aquarelles originales** par **Draner**.

11. DAUDET (Alphonse). **Le Roman du Chaperon Rouge.** Lithographies de Louis Morin. *Paris, L. Carteret, 1903, gr. in-8, br., couv. illust.*

Exemplaire unique sur papier vélin du Marais, imprimé spécialement pour **Louis Morin**, contenant les lithographies en deux états dont l'un rehaussé de couleurs, et enrichi par l'artiste de **10 dessins originaux** aux crayons de couleurs.
Ces dessins encadrent les lithographies et complètent l'illustration de l'ouvrage.

12. DETOUCHE (Henri). **Propos d'un peintre,** préface et frontispice de Félicien Rops, trois compositions hors texte de l'auteur. *Paris, Librairie de l'Art indépendant, 1895, in-12, br.*

Édition originale, avec la couverture.
Bel exemplaire sur **papier de Hollande,** enrichi de **45 aquarelles originales** par **Henri Detouche.**

13. GAUTIER (Théo). **Le Roman de la Momie.** *Paris, Charpentier, 1870, in-12, br.*

Édition définitive, avec la couverture.
Exemplaire sur **papier de Hollande,** enrichi de **33 belles aquarelles originales** par **A. Robida.**

14. HARAUCOURT (Edmond). **La Légende des Sexes.** Poèmes histériques. 1882. *Imprimé à Bruxelles pour l'auteur, in-8, mar. La Vall., doublé de mar. citron, compart. de filets dor. et au pointillé, ornem. dor. aux angles, satyres à l'état brillant, dorés, gardes de soie cachou, tr. dor. sur broch., couv., étui (Chambolle-Duru).*

Édition originale tirée à 200 exemplaires numérotés et signés par l'auteur (n° B-63).
Exemplaire enrichi de **41 aquarelles originales** très suggestives.

15. HERVILLY (Ernest d'). Suite de dix aquarelles originales, avec pièces de vers, datées de 1891, en 1 vol. in-4 oblong, cart.

Très jolies aquarelles originales par **E. d'Hervilly**.

16. Lemonnier (Camille). **Les Maris de M**^lle^ **Nounouche**, histoire de chats. Soixante-cinq aquarelles de **A. Vimar**. *Paris, H. Floury*, 1906, pet. in-4, br., couv. illust.

L'un des **32** exemplaires tirés sur **papier du Japon** (n° XXIII), avec une double suite en noir sur Chine et **deux aquarelles originales** de **A. Vimar**, l'illustrateur du livre.

17. MARIVAUX. Le Jeu de l'Amour et du Hasard. Seize aquarelles originales de Paul Avril. *Paris, L. Conquet*, 1894, in-8, cart. dos et coins de percal. rouge, non rog., couv.

Édition spéciale tirée à 20 exemplaires non mis dans le commerce et illustrée par dix artistes différents.
Celui-ci est orné de **16 aquarelles originales** de **Paul Avril**.
Bel exemplaire de Léon Conquet avec son ex-libris.

18. MARIVAUX. Le Jeu de l'Amour et du Hasard, avec 16 aquarelles originales de L. Morin. *Paris, L. Conquet*, 1894, in-8, mar. citron, composition florale, mosaïque sans or, couvrant le premier plat, doublé de soie à ramages, large bande de mar. gris, formant encadrement, tr. dor. sur broch., étui (*Ch. Meunier*).

Édition tirée à **20** exemplaires non mis dans le commerce.
L'un des **2** illustrés d'aquarelles originales (**16**) par **Louis Morin**.

19. MAUPASSANT (Guy de). **Ce Cochon de Morin**. *Paris*, 1904, in-8, mar. vert, doublé de mar. lilas, gardes de soie mauve, tête dor., non rog., couv., étui (*René Kieffer*).

Exemplaire unique; texte manuscrit de **L. Lebègue** et enrichi par lui de **31** charmantes aquarelles originales.

20. MAUPASSANT (Guy de). **Une Partie de Campagne.**
Paris. Imprimé pour la Société des Bibliophiles contem-
porains. 1892. gr. in-8, front. en couleurs par H. Boutet,
cart. dos et coins de mar. bleu, dos orné, tête dorée, non
rog., étui (*Champs*).

> Édition tirée à très petit nombre.
> **Exemplaire unique** enrichi de **38** très jolies aquarelles ori-
> ginales par **Henriot**.

21. RICHEPIN (Jean). **Cauchemars**. *Paris. Charpentier*
et Fasquelle. 1892. in-12. br.

> Édition originale, avec la couverture.
> Un des **25** exemplaires sur **papier de Hollande**, orné de **16** très
> belles aquarelles originales à pleine page, par **Pierre Vidal**.

22. ROBIDA (A.). La Grande Mascarade Parisienne, texte
et dessins par A. Robida. 500 dessins noirs et coloriés.
Paris. Librairie illustrée. s. d., gr. in-8. cart. dos et coins
de vélin blanc, dos orné d'une jolie aquarelle de A. Robida,
couvrant entièrement le dos, non rog., couv. (*Carayon*).

> L'un des **100** exemplaires tirés sur **papier vélin fort** (n° 46),
> enrichi sur le faux-titre d'une aquarelle originale de **A. Robida**,
> l'auteur et l'illustrateur du livre.

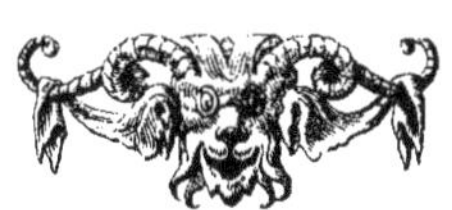

LIVRES MODERNES

23. **About** (Edmond). Germaine. *Paris, Hachette et Cie,*
1857, in-12, cart. dos et coins de perc., non rog. (*Pierson*).
   Édition originale, avec la couverture.

24. **About** (Edmond). Le Roi des Montagnes. *Paris, Ha-*
chette et Cie, 1857, in-12, cart. dos et coins de perc., non
rog. (*Pierson*).
   Édition originale, avec la couverture.

25. **About** (Edmond). Trente et Quarante. — Sans dot.—Les
Parents de Bernard. *Paris, Hachette et Cie,* 1859, in-12,
cart. dos et coins de perc., non rog. (*Pierson*).
   Édition originale, avec la couverture.

26. **Andersen.** La Petite Sirène. Conte d'Andersen. Illustré
par Henri Dobler. *Paris, H. Floury,* 1899, in-4, aquarelles en couleurs, rehaussées d'or, cart. en satin, avec
ornem. de roses, non rog. (*Carayon*).
   L'un des **15** exemplaires tirés sur **papier du Japon impérial**
(n° 11).

27. **Arioste.** Roland Furieux. Poème héroïque, traduit par
A.-J. Du Pays, et illustré par Gustave Doré. *Paris,*
Hachette et Cie, 1879, in-fol., en feuilles, dans un cart.
   Premier tirage des illustrations de Gustave Doré.
   L'un des **40** exemplaires tirés sur **papier de Chine** (n° 17).

28. Arts (Les). Revue mensuelle des Musées, Collections, Expositions. Publié par Goupil et Cie (de l'origine Février 1902 à Novembre 1904). *Paris, Manzi, Joyant et Cie*, 1902-1904. 35 n^{os} gr. in-4, avec de nombr. illustrations, en livraisons.

29. Balzac (Honoré de). La Vendetta. Compositions de Adrien Moreau, gravées à l'eau-forte par Xavier Lesueur. *Paris, F. Ferroud*, 1904, in-8 raisin, demi-rel., dos et coins de mar. vert pomme, dos sans nerfs, mosaïqué, fil. à froid sur les plats, tête dor., non rog., couv. (*H. Kieffer*).

> Tiré à **250** exemplaires numérotés (n° 221).
> L'un des **150** sur **papier vélin d'Arches**, avec les eaux-fortes, avec la lettre.

30. BARBEY D'AUREVILLY (J.). Le Bonheur dans le Crime. Préface par Paul Festingière. *Aux dépens de la Société Normande du Livre illustré*, 1897, gr. in-8, fig., mar. La Vall. clair. fil., ornem. en mosaïque de mar. de diverses couleurs formant encadrement sur le dos et les plats, doublé et gardes en soie, large bande de mar. La Vall. clair avec fil. et ornem. aux angles formant encadrement, doubles gardes, tr. dor. sur br., couv. (*P. Ruban*).

> Très bel exemplaire.
> Illustrations gravées à l'eau-forte par Monziès, d'après les dessins de F. Régamey.
> Le portrait de l'auteur, peint par E. Lévy et gravé au burin par Burney, d'après le cliché photographique de Braun, Clément et Cie, ainsi que les autographes, reproduits par Dujardin, ont été tirés en taille douce par Wittmann.
> Charles Hérissey d'Evreux a imprimé typographiquement le texte sur papier vélin des papeteries du Marais.
> Tirage limité à 85 exemplaires (n° 39) avec les planches en 3 états dont l'eau-forte pure.

31. Barthélemy et Méry. Napoléon en Egypte, Waterloo et le Fils de l'Homme. Précédés d'une notice littéraire par M. Tissot. Edition illustrée par Horace Vernet et H^{ce} Bellangé. *Paris, E. Bourdin, s. d.*, (1842), gr. in-8, br., couv.

> Première édition, avec la couverture illustrée.

32. **Bellanger** (Stanislas). La Touraine ancienne et moderne, avec une préface de M. l'Abbé Orsini, illustrée par MM. Th. Frère, Brevière, Lacoste aîné, L. Noël, Mauduison, Engelmann et Graf, Ernest Meyer, Giniez, de Bar, etc., etc. *Paris, L. Mercier*, 1845, gr. in-8, demi-rel. chag. bleu, dos orné, tr. dor. (*Rel. de l'époque*).

> Premier tirage. — Taches de rousseur.

33. **Boccace**. Le Décaméron. Illustrations de Jacques Wagrez. Traduction et notes de Francisque Reynard. *Paris, H. Launette et Cie. — G. Boudet, Succr*, 1890, 3 vol. in-4, pap. vél., titre r. et n., demi-rel. dos et coins de mar. La Vall., dos ornés, fil. sur les plats, tête dor., non rog., couv. (*Champs-Stroobants*).

> Bel exemplaire.
> Manquent les eaux-fortes hors texte (20 planches).

34. **Boileau**. Œuvres poétiques, avec des notices par M. Poujoulat. Eaux-fortes par V. Foulquier. *Tours, A. Mame et fils*, 1870, gr. in-8, br., couv.

> L'un des 270 exemplaires tirés sur papier vergé (n° 66).

35. **Bonnetain** (Paul). Passagère. *Paris, Alphonse Lemerre*, 1892, in-18, br., non coupé.

> Édition originale, avec la couverture.
> L'un des **15** exemplaires sur **papier de Chine**, numérotés et paraphés (n° 11).

36. **Brillat-Savarin**. Physiologie du goût, avec une préface par Ch. Monselet. Eaux-fortes par Ad. Lalauze. *Paris, Librairie des Bibliophiles*, 1879, 2 vol. in-16, pap. de Hollande, demi-rel. dos et coins de mar. bleu, dos ornés, fil. sur les plats, tête dor., non rog., couv. (*David*).

37. **Cent chefs-d'œuvre des collections françaises et étrangères**. Préface par Georges Lafenestre. Poèmes et

Proses par L. Roger-Milès. *Paris. Georges Petit. éditeur (Librairies-Imprimeries réunies, May et Motteroz). s. d., (1892), in-fol.. en portefeuille.*

Exemplaire sur **papier du Japon**. avec les reproductions **avant la lettre.**

38. **Cent nouvelles nouvelles** (Les). Édition revue sur les textes originaux et illustrée de plus de 300 dessins par A. Robida. *Paris. Librairie illustrée. s. d.. 2 vol. in-8. br.. couv. illust.. étui en cart. illust.*

39. **Cervantès**. L'Ingénieux chevalier Don Quichotte de la Manche. traduction nouvelle par Ch. Furne, illustrée de 160 dessins par G. Roux. gravés par Yon et Perrichon. *Paris. Furne, Jouvet et Cie. s. d.. (1865-1866). gr. in-8 jésus, en 8 fasc.. br.. couv.*

Premier tirage.

40. **Champfleury**. Le Violon de Faïence. Dessins en couleurs par M. Emile Renard, de la Manufacture de Sèvres, eaux-fortes par M. J. Adeline. *Paris. E. Dentu. 1877. in-8. demi-rel. dos et coins de mar. bleu, dos orné. fil. sur les plats. tête dor.. non rog.. couv. (Champs).*

41. **Chevigné** (Comte de). Les Contes Rémois. Dessins de E. Meissonier. Troisième édition. *Paris. M. Lévy. frères, 1858, in-12. portr. et vign., mar. La Vall. foncé jans.. dent. int., tr. dor. (Anscelin).*

Premier tirage des illustrations de Meissonier.

42. **COLLECTION-BIJOU**. *Paris. Jouaust. 1872-1889.* 8 vol. in-16. texte encadré de filets rouges. Compositions d'Emile Lévy. Victor Ranvier. Rochegrosse. gravés à l'eau-forte par Flameng. Boutelié et Champollion. dessins de Giacomelli. gravés sur bois par Rouget. Sargent. Méaulle et Berveiller. demi-rel. dos et coins de mar. de diverses

couleurs, dos ornés et mosaïqués, fil. sur les plats, tête
dor., non rog., couv. (*P. Ruban*).

Bel exemplaire sur **papier de Chine**.

Longus. Daphnis et Chloé, traduction d'Amyot (avec le tirage hors
texte, avant la lettre, des 4 gravures à l'eau-forte).

B. de Saint-Pierre. Paul et Virginie, préface par J. Janin.

F. A. de Chateaubriand. Atala, ou les amours de deux sauvages,
suivi de René (avec le tirage hors texte, avant la lettre, des gravures
à l'eau-forte).

La Fontaine. Psyché.

Le Tasse. Aminte, traduction du sieur de La Brosse, avec une
préface par H. Reynald.

Poésies de Anacréon, nouvellement traduites et accompagnées
d'une préface par Maurice Albert.

Idylles de Théocrite, traduction nouvelle par Jules Girard.

Eschyle. L'Orestie, traduction d'Alexis Pierron, avec une préface
par Jules Lemaître.

43. Collection des chefs-d'œuvre antiques. *Paris,
Quantin.* 1878-1889. 14 vol. in-32, pap. vél., en-têtes, fig.
et encadrem. en différents tons, br., couv., emboîtages en
vélin blanc.

Collection complète. Rare.

Apulée : L'Amour et Psyché. — Longus : Daphnis et Chloé. —
Musée : Héro et Léandre. — Ovide : Les Amours. — A. Tatius : Leu-
cippe et Clitophon. — Lucien : Dialogues des Courtisanes. — Virgile :
Les Bucoliques. — Anacréon et Sapho : Poésies. — Apollonius de
Rhodes : Jason et Médée. — Horace : Odes et épodes. — Théocrite :
Les Idylles. — Properce : Les Élégies. — Lucius : L'Ane. — Catulle :
Odes à Lesbie et Epithalame de Thétis et Pelée.

44. Constitution françoise (La), décrétée par l'Assemblée
Nationale constituante, aux années 1789, 1790 et 1791,
acceptée par le Roi le 14 septembre 1791. *A Paris, de
l'imprimerie de Didot l'aîné, chez Belin, libraire.* 1791,
in-32, mar. rouge, dos orné, fil., tr. dor. (*Rel. anc.*).

Sur le plat de la reliure on lit cette inscription en lettres dorées :
LA NATION — LA LOI — LE ROI.

45. Coppée (François). Bleuette, Conte en vers. Illustrations
de H. Pille, gravées par A. Prunaire. *Paris, A. Lemerre,*

s. *d.*, in-4, texte encadré de dessins tirés en bistre et en couleurs, br., couv. illust.

> Exemplaire contenant toutes les séries du tirage en couleur et la couverture coloriée.
> 96 planches tirées en 6 tirages différents. Très rare.

46. **Coppée** (François). Une Idylle pendant le siège. *Paris, Alphonse Lemerre*. 1874, in-12, br.

> Edition originale, avec la couverture.

47. **Cormenin** (de). Entretiens de Village. Illustré de 40 gravures dessinées par M. Daubigny, gravées par Mlles Laisné. *Paris, Pagnère*, 1847, in-12, br., couv.

48. **Curel** (François de). L'Amour brode, pièce en trois actes. *Paris, Tresse et Stock*, 1893, in-8, br.

> Edition originale, avec la couverture.
> Envoi autographe de l'auteur, à Aurélien Scholl.

49. **Daudet** (Alphonse). Contes du Lundi. *Paris, A. Lemerre*, 1873, in-12, cart. dos et coins de perc., tête jasp., non rog.

> Edition originale, avec la couverture.

50. **Daudet** (Alphonse). Lettres à un absent. Paris 1870-1871. *Paris, A. Lemerre*, 1871, in-12, cart. dos et coins de perc., tête jasp., non rog.

> Edition originale, avec la couverture au millésime de 1872.

51. **Daudet** (Alphonse). Numa Roumestan. Mœurs parisiennes. *Paris, G. Charpentier*, 1881, in-12, br.

> Edition originale, avec la couverture.
> L'un des **275** exemplaires sur **papier de Hollande** (n° 182).

52. **Daudet** (Alphonse). Le Roman du Chaperon rouge. Les Ames du Paradis. Un Concours pour Charenton. L'Amour-

Trompette. Les Sept Pendues de Barbe-Bleue. Les Rossignols du cimetière. *Paris. Michel-Lévy frères.* 1862. in-12, br.

> Édition originale, avec la couverture.

53. **Daudet** (Aphonse). Soutien de Famille : mœurs contemporaines. *Paris. Eugène Fasquelle.* 1898. in-12. br., non coupé.

> Édition originale, avec la couverture.

54. **Daudet** (Léon-A.). Les « Kamtchatka » Mœurs contemporaines. *Paris. G. Charpentier et E. Fasquelle.* 1895, in-12. br., non coupé.

> Édition originale, avec la couverture.
> L'un des **25** exemplaires sur **papier de Hollande** (n° 1).

55. **Debaisnes** (Mgr C.). La Vie et l'Œuvre de Jean Bellegambe. *Lille. L. Quarré (impr. L. Danel).* 1890. gr. in-8. avec planches hors texte en héliog. Dujardin. br., couv.

56. **Delvau** (Alfred). Dictionnaire de la langue verte : argots parisiens comparés. *Paris. E. Dentu.* 1866. in-12. cart., dos de percal. grise. non rog.

> Édition originale, avec la couverture.
> L'un des **100** exemplaires sur **papier de Hollande** (n° 34).
> Le bas de la couverture est déchiré.

57. **Delvau** (Alfred). Les Heures parisiennes. 25 eaux-fortes d'Émile Benassit. *Paris. C. Marpon et E. Flammarion.* 1882. in-12 carré, br., couv. ill.

> L'un des **50** exemplaires sur **papier du Japon** (n° 96). avec la double suite de figures en noir et en bistre.

58. **Delvau** (Alfred). Histoire anecdotique des barrières de Paris : avec 10 eaux-fortes par Émile Thérond. *Paris. E. Dentu.* 1865. in-12. br., non coupé.

> Édition originale, avec la couverture.

59. **Delvau** (Alfred). Histoire anecdotique des cafés et cabarets de Paris. Avec dessins et eaux-fortes de Gustave Courbet, Léopold Flameng et Félicien Rops. *Paris, Dentu.* 1862. in-12. br.

> Édition originale, avec la couverture.

60. **Delvau** (Alfred). Les Plaisirs de Paris. Guide pratique et illustré. *Paris, Achille Faure,* 1867. in-18. br.

> Édition originale, avec la couverture.

61. **DEMOLDER** (Eugène). La Légende d'Yperdamme. Avec une couverture et 9 dessins hors texte d'Etienne Morannes, un frontispice, un dessin hors texte, une étude et 3 vignettes de Félicien Rops. *Paris, Edition du Mercure de France, s. d.* (1896). gr. in-8. veau fauve, grande composition sur le premier plat, non rog., couv.

> L'un des **5** exemplaires tirés sur **papier de Chine**, avec double épreuve des planches hors texte.

62. **Detouche** (Henry). Les Peintres de la Femme intégrale. Félicien Rops et A. Willette, frontispice en couleurs de F. Rops, lithographie originale de A. Willette. *Paris, A. Blaizot,* 1906. pet. in-8. br., couv.

> Tiré à **116** exemplaires numérotés (n° **22**).
> L'un des **100** sur **papier vélin d'Arches**.

63. **DORÉ** (Gustave). Versailles et Paris en 1871, d'après les Dessins originaux de Gustave Doré. Préface de M. Gabriel Hanotaux, de l'Académie française. *Paris, L. Carteret, Editeur, Librairie L. Conquet.* 1907. in-4. br., couv.

> L'un des **75** exemplaires numérotés sur **papier de Chine** (n° 48).

64. **Duret** (Théodore). Histoire de Edouard Manet et de son œuvre, avec douze illustrations. *Paris, Eugène Fasquelle,* 1906. in-8. br.

> Édition originale, avec la couverture illustrée.
> L'un des **30** exemplaires sur **papier du Japon** (n° 19).

65. **Fabre** (Ferdinand). Les Courbezon, scènes de la vie cléricale. *Paris. Hachette et Cie*. 1862. in-12, cart., dos et coins de mar. La Vallière jans., non rog. (*Lemale*).

Edition originale, avec la couverture.

66. **Fabre** (Ferdinand). Scènes de la vie cléricale. Julien Savignac. *Paris. Hachette et Cie*. 1863. in-12. br. ;

Edition originale, avec la couverture.

67. **Feuillets glanés**. Poésies inédites. *Paris. Librairie de l'Art. s. d.*. in-4. fig., cart. toile, fers spéciaux, tr. dor. (*Cart. de l'éditeur*).

68. **FLAUBERT** (Gustave). **La Légende de S. Julien l'Hospitalier**. Préface d'Octave Join-Lambert. Fac-simile d'un manuscrit calligraphié, enluminé et historié par Malatesta. *Paris. Aux dépens de la Société Normande du Livre illustré*. 1906. in-4. br., couv. :

Tirage unique à **170** exemplaires sur **papier du Japon** (nᵒ 107). clichés détruits.
Cette reproduction en fac-simile d'un Manuscrit calligraphié, enluminé et historié par H. Malatesta et appartenant à un Membre de la Société, exécutée par Reymond. Photograveur. Henri Jouffroy, Chromiste, au moyen de six clichés typographiques pour chacune des pages, a été achevée d'imprimer le 10 Mars 1906 sur les presses de Draeger frères, à Montrouge, aux dépens de la Société Normande du Livre illustré et sous la direction de Mr Raymond Claude-Lafontaine.

69. **Forain**. Album de Forain. *Paris. H. Simonis Empis*, *s. d.*. gr. in-4. cart., dos et coins de perc., non rog., couv. impr. en couleurs.

L'un des **75** exemplaires tirés sur **papier de Chine** (nᵒ 63).

70. **Forain**. Doux Pays. 189 dessins. *Paris. Librairie Plon*, *s. d.*. in-12 carré. br.

Edition originale, avec la couverture illustrée.

71. **Gautier** (Théo.). Emaux et Camées. Cent douze dessins de Gustave Fraipont, préface par Maxime Du Camp. *Paris, L. Conquet,* 1887, in-16, demi-rel. dos et coins de mar. rouge, dos orné, fil., sur les plats, tête dor., non rog., couv. (*Champs*).

> Exemplaire tiré sur papier vélin du Marais (nᵒ 499) contenant: **Le Musée Secret.**

72. **GAUTIER** (Théo.). **Mademoiselle de Maupin**. Double Amour. *Paris, Renduel,* 1835-1836. 2 vol. in-8, demi-rel. dos et coins de mar. vieux rouge à long grain, dos ornés, non rog. (*Durrand*).

> **Edition originale, très rare.**
> Exemplaire **absolument non rogné** lavé et encollé (traces de cachets sur les titres et faux-titres).
> Les pages 347 à 352 du tome second sont un peu plus courtes.

73. **Gautier** (Théo.). Le Roman de la Momie. *Paris, Hachette et Cie,* 1858, in-12, br.

> Edition originale, avec la couverture.

74. **Gœthe**. Werther. Traduction nouvelle, précédée de considérations sur Werther, et en général sur la poésie de notre époque, par Pierre Leroux, accompagnée d'une préface par George Sand. Dix eaux-fortes par Tony Johannot. *Paris, J. Hetzel,* 1845, gr. in-8, fig. tirées sur Chine avec le nom de l'artiste à la pointe et avant la lettre, br.

> Exemplaire de premier tirage avec la couverture.
> On y a ajouté le portrait de Gœthe par Carl Mayer, gᵉ par Ph. Langlois, épreuve sur Chine avec la lettre. Quelques taches de rousseur.

75. **Goncourt** (E. et J. de). Histoire de Marie-Antoinette. Edition ornée d'encadrements à chaque page par Giacomelli, et de douze planches hors texte, reproductions d'originaux du XVIIIᵉ siècle. *Paris, G. Charpentier,* 1878, in-4, pap. vél., titre r. et n., demi-rel. dos et coins de mar.

bleu, dos orné de fleurs de lis, fil. à froid sur les plats, tête
dor., non rog., couv.

Exemplaire contenant la figure du **bol sein** qui manque presque
toujours.

76. **Guillaume** (Albert). Les unes et les autres. Contenant
100 dessins. *Paris, Garnier frères*, 1905, in-12 carré, br.,
non coupé.

Édition originale, avec la couverture illustrée en couleurs.
L'un des **15** exemplaires sur **papier du Japon** (n° 8).

77. **Guimet** (Emile). Promenades Japonaises. Texte par
Emile Guimet. Dessins d'après nature (dont six aquarelles
reproduites en couleur), par Félix Regamey. *Paris,
G. Charpentier*, 1878, in-4, demi-rel. chag. rouge, plats
toile, fers spéciaux, tr. dor. (*Rel. de l'éditeur*).

Exemplaire de premier tirage.

78. **Halévy** (Ludovic). L'Abbé Constantin, illustré par
Madame Madeleine Lemaire. *Paris, Boussod, Valadon et
Cie*, 1887, in-4, br., couv.

Exemplaire sur papier vélin, illustré de 36 planches en photogra-
vures en noir, dont 18 hors texte.

79. **Hennique** (Léon). Benjamin Rozes. Illustrations et gravures de Vadasz. *Paris, Librairie de la Collection des
Dix, A. Romagnol, éditeur*, s. d., (1907), in-8, soleil,
br., couv. illust.

De la Collection de l'Académie des Goncourt.
L'un des **200** exemplaires format in-8 soleil sur **vélin d'Arches**
(n° 190), avec un seul état des eaux-fortes.

80. **Hennique** (Léon). Un Caractère. *Paris, Tresse et Stock*,
1889, in-12, br.

Édition originale, avec la couverture.
Envoi d'auteur à Francis Magnard.

81. HÉRÉDIA (José-Maria de). Salut à l'Empereur. stances dites par M. Paul Mounet à la cérémonie de la pose de la première pierre au Pont Alexandre III. devant Leurs Majestés Impériales de Russie le 7 octobre 1896. — **Sully-Prudhomme.** La Nymphe des bois de Versailles. poésie dite par Madame Sarah-Bernhardt en présence de l'Empereur et de l'Impératrice de Russie. — **Coppée** (François). A Leurs Majestés l'Empereur et l'Impératrice de Russie. strophes lues par M. François Coppée. *Paris, A. Lemerre.* 1896. in-4. demi-rel. dos et coins de mar. bleu. tête dor. non rog.. couv. (*Bretault*).

> **Exemplaire unique,** contenant :
> 1° **3 aquarelles originales** à pleine page par Tiret-Bognet ;
> 2° 1 lettre autographe. signée de José-Maria de Hérédia :
> 3° 1 lettre autographe de Sully-Prudhomme :
> 4° le manuscrit autographe d'une pièce de vers (l'Eventail). de Sully-Prudhomme :
> 5° 1 lettre autographe de François Coppée :
> 6° 1 pièce de vers autographe. signée par Tiret-Bognet.

82. HISTOIRE DES QUATRE FILS AYMON. Illustré de compositions en couleurs par Eugène Grasset. Gravure et impression par Charles Gillot. Introduction et notes par Charles Marcilly. *Paris. H. Launette.* 1883. in-4. mar. brun. cuir de bœuf incisé. teinté et criblé, couvert d'une importante décoration inspirée de celle du livre. ornements, cartouche portant le titre. doublé de soie vieil or, bande de mar. brun formant encadrement. fil. dor.. tr. dor. sur br.. couv.. étui (*Marius-Michel*).

> **Superbe reliure.**
> L'un des **100** exemplaires tirés sur **papier de Chine** (n° 130).

83. Houdoy (Jules). Histoire artistique de la Cathédrale de Cambrai ancienne Eglise métropolitaine Notre-Dame. Comptes, inventaires et documents inédits. Avec une vue et un plan de l'ancienne cathédrale. *Paris. D. Morgand et Ch. Fatout.* 1880. gr. in-8. br., couv.

> Tiré à **225** exemplaires sur **papier de Hollande** (n° 71).

84. **HUGO** (Victor). **Notre-Dame de Paris.** (Edition Nationale). Illustrations de Luc-Olivier Merson. *Paris, E. Testard et Cie.* 1889. 2 vol. in-4. demi-rel. dos et coins de mar. rouge. dos sans nerfs ornés et mosaïqués, fil. sur les plats, tête dor., non rog., couv. (*P. Ruban*).

> L'un des **50** exemplaires sur **papier de Chine**, contenant :
> 1° Les planches hors texte en 2 états avant et avec la lettre ;
> 2° Le tirage à part des vignettes en-têtes sur Japon à l'état d'**eau-forte pure** avec remarque ;
> 3° La planche du *Quasimodo* en trois états, dont l'eau-forte pure sur Japon avec remarque ;
> 4° La planche le *Petit Soulier* en 4 états dont l'eau-forte pure et l'état intermédiaire avec remarques.

85. **Ibels** (H.-G.). Les Demi-Cabots. — Le Café-Concert. — Le Cirque. — Les Forains. Dessins de H.-G. Ibels. Textes de Georges d'Esparbès, André Ibels, Maurice Lefèvre, Georges Montorgueil. *Paris, Charpentier, et Fasquelle, et L. Conquet.* 1896. pet. in-8. br.

> Edition originale, avec la couverture illustrée en couleurs.
> L'un des **100** exemplaires sur **papier de Chine** (n° 92).

86. **Kleist** (Henri de). La Cruche Cassée. Comédie en 1 acte. traduite de l'Allemand par Alfred de Lostalot. avec 34 illustrations gravées sur bois. d'après les compositions originales de Adolphe Menzel. *Paris. Firmin-Didot et Cie.* 1884. gr. in-4. texte encadré de fil. rouge et bleu. demi-rel. dos et coins de mar. rouge jans., dos à 5 nerfs, tête dor., non rog., couv.

> L'un des **50** exemplaires tirés sur **papier du Japon** (n° 38).
> Très jolies illustrations.

87. **La Bédollière** (Emile de). Londres et les Anglais, illustrés par Gavarni. *Paris. G. Barba. s. d.* (1862). in-4, br.

> Premier tirage des illustrations de Gavarni. avec la couverture illustrée.

88. **Laboulaye** (Edouard). Contes Bleus. — Yvon et Finette. La Bonne Femme. — Poucinet. — Contes Boëmes. —

Les Trois Citrons. — Pif Paf. Dessins par Yan Dargent. *Paris. Furne, Jouvet et Cie*, 1868, gr. in-8. br., couv.

Premier tirage.
L'un des **25** exemplaires imprimés sur **papier de Hollande**.

89. **Laurent** (Charles). L'Espion de l'Empereur. *Paris, Paul Ollendorff*. 1901. in-12, br., non coupé.

Édition originale, avec la couverture illustrée en couleurs.
L'un des **5** exemplaires tirés sur grand **papier de Hollande** (n° 1).

90. **Leconte de Lisle**. Poésies Barbares. *Paris. Poulet-Malassis*. 1862, in-12. demi-rel. chag. rouge, dos orné, tête dor., non rog.

Édition originale, avec la couverture.

91. **Le Sage**. Le Diable Boiteux, illustré par Tony Johannot, précédé d'une notice sur Le Sage. par M. Jules Janin. *Paris. E. Bourdin et Cie*, 1840. gr. in-8. demi-rel. veau fauve, dos orné. non rog. (*Rel. de l'époque*).

Exemplaire de premier tirage, absolument non rogné.
Taches de rousseur.

92. **Le Sage**. Histoire de Gil Blas de Santillane. Vignettes par Jean Gigoux. *Paris. Paulin*. 1835. gr. in-8. dos de mar. vert à grain long. dos orné. plats bas. verte avec petite dent.. non rog. (*Rel. de l'époque*).

Exemplaire de premier tirage. absolument non rogné.

93. **Livet** (Guillaume). L'Amour Forcé. Illustrations de G. Tiret-Bognet. *Paris. G. Charpentier et E. Fasquelle*. 1895, in-12, br.

Édition originale, avec la couverture illustrée en couleurs.
L'un des **15** exemplaires sur grand **papier de Hollande** (n° 12).

94. **Livre** (Le) du très chevaleureux Comte d'Artois et de sa femme, fille au Comte de Boulogne. publié d'après les manuscrits et pour la première fois (et avec une introduction

par M. J. Barrois). *Paris, Techener (impr. de Crapelet).*
1837. in-4, goth., pap. vergé de Holl., fig., demi-rel. dos
et coins de mar. rouge, dos orné à petits fers et mosaïqué,
fil. sur les plats, tête dor., non rog.

Ce volume, tiré à petit nombre, est enrichi de vingt-huit planches
gravées d'après les miniatures du beau manuscrit de ce roman qui
faisait partie de la riche collection de M. Barrois.

95. **LONGUS**. Daphnis et Chloé. Compositions de Raphaël
Collin, gravées à l'eau-forte par Champollion ; préface de
Jules Claretie. *Paris, G. Boudet,* 1890, in-8, raisin, mar.
bleu, dos orné, fil., dent. int., tr. dor. sur br., couv.
(*Mercier, succ^r de Cuzin*).

Très bel exemplaire sur papier vélin de cuve des papeteries du
Marais, (n° 534) auquel on a ajouté la suite sur **Japon** des **eaux-
fortes avant la lettre** et des **eaux-fortes pures**.

96. **Loti** (Pierre). L'Exilée. *Paris, Calmann Lévy,* 1893,
in-12, br.

Édition originale, avec la couverture.

97. **Maistre** (Xavier de). Œuvres complètes. Édition illustrée
pour la première fois, précédée d'une notice sur l'auteur,
par M. Sainte-Beuve. Vignettes dessinées par Staal, et gravées par les meilleurs artistes. *Paris, Garnier frères, s.
d. (Imprimerie J. Claye).* gr. in-8, br., n. c., couv.

Exemplaire de premier tirage.

98. **Maistre** (Xavier de). Les Prisonniers du Caucase. Neuf
compositions de Julien Le Blant, gravées à l'eau-forte par
Louis Muller, préface par Léo Claretie. *Paris, A. Ferroud,* 1897, in-8 raisin, demi-rel. dos et coins de mar. vert,
dos sans nerfs mosaïqué, fil. à froid sur les plats, tête dor.,
non rog., couv. (*R. Kieffer*).

Exemplaire tiré sur **papier du Japon** (n° 121), avec **deux états**
des eaux-fortes : eaux-fortes terminées avant la lettre et eaux-fortes
avec la lettre.

99. **Malo** (Charles). Les Capitales de l'Europe. Promenades pittoresques. *Paris (impr. Firmin Didot), s. d.* (1829), 8 vol. in-16, avec vues hors texte en couleurs, cart. de l'éditeur, dans une boîte en carton illust.

> Paris. — Berlin.— Constantinople.— Londres.— Madrid.— Rome. —Saint-Pétersbourg. — Vienne.

100. **MANGIN** (Arthur). **Les Jardins**. histoire et description. Dessins par Anastasi. Daubigny. V. Foulquier. Français. W. Freeman. H. Giacomelli. Lancelot. *Tours. Mame et Fils.* 1867. in-fol., nombr. illustrations dans le texte et planches hors texte, br.

> Un des plus beaux livres illustrés de la seconde moitié du dix-neuvième siècle.
> Exemplaire de premier tirage.

101. **Maupassant** (Guy de). Bel-Ami. *Paris. Victor Havard,* 1885. in-12. cart. dos et coins de vélin blanc. tête jasp.. non rog.

> Édition originale. avec la couverture.

102. **Maupassant** (Guy de). Clair de Lune. Illustrations de Arcos. Gambard. Grasset. Jeanniot. Le Natur. Adrien Marie. Merwart. Myrbach. Renouard. Rochegrosse. Roy, Tirado. *Paris. Ed. Monnier,* 1884. in-8, pap. vél. teinté, cart. dos et coins de perc., non rog., couv. illust. (*Pierson*).

> Première édition illustrée.
> Contient : Clair de Lune. — Un Coup d'Etat. — Le Loup. — L'Enfant. — Conte de Noël. — La Reine Hortense. — Le Pardon. — La Légende du Mont Saint-Michel.—La Veuve. — Mademoiselle Cocotte. — Les Bijoux. — Apparition.

103. **Maupassant** (Guy de). Notre Cœur. *Paris, P. Ollendorff.* 1890. in-12. cart. dos et coins de perc.. non rog. (*Pierson*).

> Édition originale. avec la couverture.

104. **Maupassant** (Guy de). Mlle Fifi.— La Buche. — Le Lit.
Un Réveillon. — Mots d'Amour. — Une Aventure pari-
sienne. — Marroca. Eau-forte par Just. *Bruxelles. H. Kis-
temaeckers*, 1882. in-16. pap. vergé de Holl.. br.

Edition originale, avec la couverture

105. **Maupassant** (Guy de). L'Héritage. Vingt et une compositions originales de Maurice Eliot. gravées à l'eau-forte
par L. Ruet. *Paris. L. Carteret*, 1907. gr. in-8, br., couv.

L'un des **225** exemplaires tirés sur **papier vélin** (n° 80).

106. **Maupassant** (Guy de). Le Horla. — Amour.—Le Trou.
— Sauvée. — Clochette. — Le Marquis de Fumerol. — Le
Signe. — Le Diable. — Les Rois. — Au Bois. — Une Fa-
mille. — Joseph. — L'Auberge. — Le Vagabond. *Paris,
P. Ollendorff.* 1887. in-12. br.

Edition originale, avec la couverture.

107. **Maupassant** (Guy de). L'Inutile Beauté. *Paris. Victor
Havard.* 1890. in-12. br.

Edition originale, avec la couverture.

108. **Maupassant** (Guy de). La Main Gauche. Allouma. —
Hautot père et fils. — Boitelle. — L'Ordonnance. — Le
Lapin. — Un Soir. — Les Epingles. — Duchoux. — Le
Rendez-vous. — Le Port. — La Morte. *Paris. P. Ollen-
dorff.* 1889. in-12. br.

Edition originale, avec la couverture.

109. **Maupassant** (Guy de). Miss Harriet. — L'Héritage. —
Denis. — L'Ane. — Idylle. — La Ficelle. — Garçon. un
Bock !... — Le Baptême.—Regret. — Mon Oncle Jules.—
En Voyage. — La Mère Sauvage. *Paris. Victor-Havard.*
1884. in-12. cart. dos de perc.. non rog. (*Lemardeley*).

Edition originale, avec la couverture.

110. **Maupassant** (Guy de). Mont-Oriol. *Paris, Victor-Havard,* 1887, in-12, cart. dos de chag. rouge jans., tête dor., non rog.

> Edition originale, avec la couverture.

111. **Maupassant** (Guy de). Le Père Milon, contes inédits. — Par un Soir de printemps. — L'Aveugle. — Le Gateau. — Le Saut du Berger. — Vieux Objets. — Magnétisme.— Un Bandit Corse. — La Veillée. — Rêves. — Confessions d'une femme. — Clair de lune. — Une Passion. — Correspondance. — Rouerie.— Yveline Samoris.— L'Ami Joseph. — L'Orphelin. *Paris, P. Ollendorff,* 1899, in-12, cart. dos et coins de perc., non rog. *(Pierson).*

> Edition originale, avec la couverture.

112. **Maupassant** (Guy de). La Petite Roque.— L'Epave. — L'Ermite. — Mademoiselle Perle. — Rosalie Prudent. — Sur les Chats. — Sauvée. — Madame Parisse. — Julie Romain.— Le Père Amable. *Paris. Victor-Havard.* 1886, in-12, cart., dos et coins de perc., non rog. *(P. Vié).*

> Edition originale, avec la couverture.

113. **Maupassant** (Guy de). Pierre et Jean. illustré par Ernest Duez et Albert Lynch. *Paris. Boussod. Valadon et Cie,* 1888, in-4, br., couv.

> Exemplaire sur papier vélin. illustré de 36 planches en photogravure. dont 18 hors texte.

114. **Maupassant** (Guy de). Le Rosier de Madame Husson.— Un Echec. — Enragée. — Le Modèle. — La Baronne. — Une Vente. — L'Assassin. — La Martine. — Une Soirée.— La Confession. —Divorce. — La Revanche. — L'Odyssée d'une Fille. — La Fenêtre. *Paris, Quantin.* 1888. in-12, cart., dos de perc., non rog. *(Pierson).*

> Edition originale, avec la couverture illustrée.

115. **Maupassant** (Guy de). Le Rosier de Madame Husson.
Nouvelle édition revue. *Paris. Paul Ollendorff*. 1900.
in-12, br., non coupé. couv.

> L'un des **50** exemplaires sur grand **papier de Hollande** (n° 20).

116. **Maupassant** (Guy de). Sur l'Eau. Dessins de Riou. gravure de Guillaume frères. *Paris. Marpon et Flammarion.
s. d.*. in-12. cart. dos et coins de perc., non rog. (*Pierson*).

> Édition originale. avec la couverture.

117. **Maupassant** (Guy de). Toine. — L'ami Patience.— La
Dot.— Rencontre. — Le Lit 29. — Le Protecteur. — Bom-
bard. — La Chevelure. — Le Père Mongilet. — L'Armoire.
—La Chambre II. — Les Prisonniers.— Nos Anglais.— Le
Moyen de Roger. — La Confession. — La Mère aux mons-
tres. — La Confession de Théodule Sabat. Illustrations de
Mesplès. *Paris. Marpon et Flammarion. s. d.*. in-12. cart..
dos de perc., tête jasp.. non rog.

> Édition originale. avec la couverture.

118. **Maupassant** (Guy de). Des Vers. *Paris. G. Charpentier*. 1880. in-12. cart.. dos et coins de perc.. non rog.
(*Pierson*).

> Édition originale. avec la couverture. — Rare.

119. **Meilhac** (Henry) et Ludovic **Halévy**. Toto chez Tata.
comédie en un acte. *Paris. Michel Lévy frères*. 1873.
in-12 de 25 pages. br.

> Édition originale. avec la couverture.
> L'un des **25** exemplaires sur **papier de Hollande** (n° 17).

120. **MÉRIMÉE** (Prosper). **Carmen**. Illustré de 1 frontispice et 8 vignettes dessinés par S. Arcos et gravés par A.
Nargeot. *Paris. Calmann Lévy (pour L. Conquet)*. 1884.
pet. in-8. demi-rel. dos et coins de mar. orange. dos orné
et mosaïqué. fil. sur les plats. tête dor.. non rog.. couv.
(*P. Ruban*).

> L'un des **225** exemplaires tirés sur **papier vélin du Marais**
> (n° 223). avec les figures dans le texte. — Très rare.

121. **MÉRIMÉE** (Prosper). **Mateo Falcone**, préface de
Maurice Tourneux. Compositions de Alexandre Lunois,
gravées sur bois, par Froment, Germain et Noël. *Paris,
Librairie L. Conquet, L. Carteret et Cie,* 1906, gr. in-8,
demi-rel. dos et coins de mar. La Vallière, dos sans nerfs
mosaïqué, fil. à froid sur les plats, tête dor., non rog., couv.
(R. Kieffer).

> Tiré à 250 exemplaires numérotés, sur papier vélin blanc.
> L'un des 50 premiers avec les épreuves d'artistes (n° 30).

122. **Mérimée** (Prosper). Nouvelles. La Mosaïque, avec des
dessins de Aranda, de Beaumont, Brauttot, Le Blant, Merson, Myrbach, Sinibaldi, gravés par Le Rat, Lalauze, Tous-
saint, Champollion, Géry-Richard, Manesse, Em. Buland,
préface par Jules Lemaitre. *Paris, Librairie des Bibliophiles,* 1887, in-8, br., couv.

> L'un des **25** exemplaires tirés sur **papier de Chine** (n° 4), avec
> double épreuve des gravures avec et **avant la lettre.**

123. **Monnier** (Henry). Les Bas-Fonds de la Société. *Paris,
J. Claye, imprimeur,* 1862, in-8, pap. de Holl., titre r. et
n., cart. parchemin, fil. à froid, non rog. *(Rel. de l'éditeur).*

> Édition originale.
> Cet ouvrage n'a été tiré qu'à 200 exemplaires numérotés (n° 175),
> non mis dans le commerce.

124. **Monnier** (Henri). Mémoires de Monsieur Joseph Pru-
dhomme. *Paris, Librairie nouvelle,* 1857, 2 vol. in-12, br.

> Édition originale, avec les couvertures.

125. **Monselet** (Charles). Les Créanciers, œuvre de ven-
geance, avec une cruelle eau-forte d'Émile Benassit. *Paris,
à la Salle des Pas-Perdus et chez René Pincebourde,*
1870, in-8, br., couv.

> Ce livre n'a pas été mis dans le commerce, il a été publié par
> souscription et tiré seulement à **225** exemplaires, numérotés à la
> presse (n° 109). — L'un des 80 sur papier vergé de Hollande, avec le
> frontispice en triple état, sur papier de Chine noir, bistre et san-
> guine.

126. **MONTESQUIEU**. **Lettres persanes**. Édition Louis
Lacour. *Paris. Académie des Bibliophiles (impr. D.
Jouaust)*, 1869, in-8, demi-rel. dos et coins de mar. bleu,
dos orné, fil. sur les plats, tête dor., non rog. (*Champs*).

> L'un des exemplaires tirés sur **papier vergé** (n° 169), auquel on a
> ajouté la suite de 8 dessins d'Ed. de Beaumont et 1 portrait gravé
> par Boilvin, épreuves en **2 états avant** et avec **la lettre**.

127. **Montorgueil** (Georges). La vie des Boulevards. Made-
leine-Bastille. Texte par Georges Montorgueil. 200 Dessins
en couleurs par Pierre Vidal. *Paris. Librairies-Imprimeries réunies, May et Motteroz*, 1896, gr. in-8, pap. vél.,
titre r. et n., br., couv. impr. en couleurs.

128. **Morin** (Louis). Vieille Idylle. Douze pointes sèches et
Vingt ornements typographiques par l'Auteur. *Paris, L.
Conquet*, 1891, in-18, cart. étoffe genre XVIII° siècle, non
rog., couv. impr. en couleurs, étui (*Carayon*).

> Exemplaire sur papier vélin non mis dans le commerce, offert par
> l'Éditeur à M. Paillet, et contenant les planches en 2 états.

129. **MOUREY** (Gabriel). **Fêtes Foraines de Paris**. Gravures d'Edgard Chahine. *Paris (Pour les Cent Bibliophiles)*, 1906, pet. in-4 carré, en feuilles, couv., dans un
étui en carton.

> Tiré à 130 exemplaires numérotés (dernier volume paru de la So-
> ciété, distribué en Mars 1907).

130. **Musset** (Alfred de). André del Sarto, drame en deux
actes et en prose. 1851. — Bettine, comédie en un acte et
en prose. 1851. — Les Caprices de Marianne, comédie en
deux actes, en prose. 1851. *Paris, Charpentier*, 1851.
Ens. 3 vol. in-12, cart. dos de vélin blanc, tr. éb. (*Lemardeley*).

> Éditions originales.

131. **Musset** (Alfred de). Un Caprice, comédie en un acte et

en prose. *Paris, Charpentier,* 1847. in-12. cart. dos de
vélin vert. non rog. (*Lemardeley*).

Édition originale, avec la couverture.

132. **Musset** (Alfred de). La Confession d'un enfant du siècle.
Nouvelles. — Contes et Nouvelles. — Biographie de Alfred
de Musset, par Paul de Musset. *Paris, A. Lemerre.* 1876-
77. Ens. 4 vol. pet. in-12. portr. et fig., br., couv.

Exemplaire sur **papier de Chine**. auquel on a ajouté les eaux-
fortes dessinées par H. Pille, gravées par L. Monziès, épreuves sur
Chine avant la lettre.

133. **Musset** (Alfred de). Fantasio, comédie en trois actes, en
prose. *Paris, Charpentier.* 1866. in-12. demi-rel. dos et
coins de mar. vert. tête dor., non rog. (*Rel. défraîchie*).

Édition originale, avec la couverture.

134. **Musset** (Alfred de). Il ne faut jurer de rien, comédie en
trois actes et en prose. *Paris, Charpentier,* 1848. in-12.
demi-rel. mar. rouge. dos orné. fil. sur les plats. tête dor.,
tr. jasp. sur brochure (*Amand*).

Édition originale.

135. **Musset** (Alfred de). Louison, comédie en deux actes et
en vers. *Paris, Charpentier.* 1849. in-12. demi-rel. dos et
coins de mar. rouge à grain long. dos orné. fil. sur les plats,
tête dor., non rog.

Édition originale.

136. **Perret** (Paul). Les Demoiselles de Liré, illustré en col-
laboration, par Charles Delort et Maurice Leloir. *Paris.
Boussod. Valadon et Cie. s. d.* (1893). in-4. br., couv.

Exemplaire sur papier vélin, illustré de 32 planches en photogra-
vure. dont 16 hors texte.

137. **Pascal.** Pensées de Pascal. publiées d'après le texte
authentique et le seul vrai plan de l'auteur. avec des notes

philosophiques et théologiques. et une notice biographique,
par Victor Rocher. *Tours. A. Mame et Fils*, 1873, gr.
in-8. pap. vél.. portr., br., couv.

138. **PLÉIADE** (La). Ballades, Fabliaux. Nouvelles et Lé-
gendes. — Homère. Veda-Vyasa. Marie de France. Burger.
Hoffmann. Ludwig Tieg. Ch. Dickens. Gavarni. H. Blaze.
Paris, L. Curmer. 1842. pet. in-8. mar. bleu à grain long.
dos orné. comp. de 10 filets sur les plats. dent. int., tr.
dor. sur brochure (*Canape*).

> **Bel exemplaire** du **premier tirage**. bien complet de toutes les
eaux-fortes. avec la couverture.
> On a ajouté : 16 tirages à part sur Chine. — 7 pour Léonore. —
1 pour le Conseiller de Krespel. — 6 pour le Combat des Rats et des
Grenouilles. — 2 pour le Lai des deux Amants.

139. **Pradels** (Octave). Chansons gauloises. Illustrations de
José Roy. *Paris. Ernest Flammarion. s. d..* in-12, br.

> Edition originale. avec la couverture illustrée en couleurs.
> L'un des **20** exemplaires sur **papier de Chine** (n° 1).

140. **Quatrelles**. A coups de fusil. Ouvrage illustré de Trente
dessins originaux hors texte, par A. de Neuville. *Paris.
G. Charpentier.* 1877. in-4, pap. vél.. titre r. et n.. br.

> Première édition. avec la couverture.

141. **Quatrelles**. La Diligence de Ploërmel. Illustrations de
Eug. Courboin. *Paris. Hachette et Cie. s. d.* Album in-4,
planches hors texte en couleurs et fig. en noir dans le texte.
cart. de l'éditeur.

142. **Régnier** (Henri de). La Cité des Eaux (poésies). *Paris.
Société du Mercure de France.* 1902, in-12. en feuilles.

> Edition originale. avec la couverture.
> L'un des **3** exemplaires tirés sur **Chine**. et marqués A. B. C.
(Exemplaire A).

143. **Régnier** (Henri de). Les Rencontres de M. de Bréot ;

roman. *Paris, Société du Mercure de France*. 1904. in-12, en feuilles.

> Edition originale, avec la couverture.
> L'un des **3** exemplaires tirés sur **Chine** et marqués A. B. C. (Exemplaire B).

144. Régnier (Henri de). Les Vacances d'un Jeune Homme sage ; roman. *Paris. Société du Mercure de France*. 1903. in-12, en feuilles.

> Edition originale, avec la couverture.
> L'un des **3** exemplaires tirés sur **Chine** et marqués A. B. C. (Exemplaire B).

145. Renan (Ernest). Vie de Jésus, avec une préface nouvelle. Edition illustrée de Soixante dessins par Godefroy Durand. *Paris, M. Léry frères*. 1870. gr. in-8, pap. vergé de Holl., titre r. et n., br., couv.

> Première édition illustrée.

146. Richepin (Jean). Le Pavé. — Aphorismes préliminaires. — Paysages et coins de rues. — Quelques cris. — Souvenirs et fantaisies. — Quelques bêtes. — Types. — Album intérieur. *Paris. Maurice Dreyfous*. 1883. in-18. demi-rel. dos et coins de mar. rouge, tête dor., non rog. (*Bretault*).

> Edition originale.

147. Richepin (Jean). Quatre petits romans. — Sœur Doctrouvé. — Monsieur Destrémeaux. — Une histoire de l'autre monde. — Les Débuts de César Borgia. — Précédés de ma préface. *Paris. Maurice Dreyfous. s. d.*, in-12. br.

> Edition originale, avec la couverture portant : Deuxième édition.
> L'un des **50** exemplaires sur **papier de Hollande** (n° 16).

148. Rodenbach (Georges). Bruges-la-Morte. roman. Frontispice de Fernand Khnopff et 35 illustrations. *Paris. Marpon et Flammarion. s. d.*, in-12. br.

> Edition originale, avec la couverture.

149. Saint-Pierre (Bernardin de). Paul et Virginie (suivi de la Chaumière Indienne). *Paris, L. Curmer. 25. rue Sainte-Anne.* 1838. gr. in-8, portr. et fig., demi-rel. dos et coins de veau brun, dos orné, fil. sur les plats, non rog. (*Rel. de l'époque*).

Exemplaire de premier tirage, absolument non rogné.

150. Schmit (J.-P.). Les Deux Miroirs. Contes pour tous. Illustrations : MM. Gavarni, C. Nanteuil. Français, Schlesinger. J.-P. Schmit, de Beaumont. Bertrand (de Chalon). *Paris. A. Royer.* 1844. gr. in-8, cart. dos et coins de mar. rouge. non rog.

Exemplaire de premier tirage, avec la couverture. absolument non rogné.

151. Scott (Walter). Galerie des Femmes de Walter Scott, 40 portraits gravés sur acier. accompagnés chacun d'un portrait littéraire : par MM. Alex. Dumas. Emile Souvestre. Fréd. Soulié. J. Janin. Louis Reybaud. Mmes Ancelot, Amable Tastu. Desbordes Valmore, Louise Collet. etc., etc. *Paris, Garnier frères. s. d.,* (1849), gr. in-8, br.

Exemplaire de toute fraîcheur, avec la couverture.

152. SEM. (Albums de). 152 planches en 5 albums. in-fol., en feuilles. dans le cart. de l'éditeur.

153. Sieurin (J.). Manuel de l'Amateur d'illustrations. Gravures et portraits pour l'ornement des livres français et étrangers. *Paris. Adolphe Labitte.* 1875, in-8. br., couv.

154. Silvestre (Armand). Chroniques du temps passé. Le Conte de l'Archer. Aquarelles de A. Poirson, gravées par Gillot. Impression chromotypographique par A. Lahure. *Paris. A. Lahure. — Rouveyre et Blond.* 1883. in-8. br., couv. impr. en couleurs.

L'un des **50** exemplaires tirés sur **papier du Japon** (n° 72). sans le tirage à part du trait.

155. **STENDHAL** (de) (Henri **Beyle**). La Chartreuse de Parme. Réimpression textuelle de l'édition originale, illustrée de 32 eaux-fortes par V. Foulquier, préface de Francisque Sarcey. *Paris, L. Conquet,* 1883, 2 vol. in-8, br., couv.

> L'un des exemplaires tirés sur papier vélin à la cuve (n° 379) avec un état des eaux-fortes.

156. **STENDHAL** (de) (Henri **Beyle**). Le Rouge et le Noir. Réimpression textuelle de l'édition originale, illustrée de 80 eaux-fortes par H. Dubouchet, préface de Léon Chapron. *Paris. L. Conquet.* 1884, 3 vol. in-8, br., couv.

> L'un des exemplaires tirés sur papier vélin à la cuve (n° 354), avec un état des eaux-fortes.

157. **SWIFT**. Voyages de Gulliver dans les contrées lointaines. Edition illustrée par Grandville. Traduction nouvelle. *Paris. Furne et Cie. — H. Fournier aîné.* 1838. 2 vol. in-8. cart. dos et coins de mar. bleu jans., non rog. (*Magnin*).

> Bel exemplaire de **premier tirage** absolument non rogné.

158. **Taine** (H.). Voyage aux Eaux des Pyrénées. Illustré de 65 vignettes sur bois par G. Doré. *Paris. L. Hachette et Cie,* 1855. in-12, br.

> Edition originale, avec la couverture.
> Premier tirage des illustrations de Gustave Doré.

159. **Theuriet** (André). Eusèbe Lombard. *Paris, Paul Ollendorff,* 1885, in-12. br.

> Edition originale, avec la couverture.
> L'un des **10** exemplaires sur **papier de Hollande.**

160. **Theuriet** (André). Reine des Bois. *Paris. Bibliothèque Charpentier.* 1891, in-12. br., non coupé.

> Edition originale, avec la couverture.
> L'un des **27** exemplaires sur **papier de Hollande** (n° 8).

161. **TOPFFER** (R.). **Nouvelles Genevoises**. illustrées
d'après les dessins de l'auteur. gravures par Best. Leloir.
Hotelin et Regnier. *Paris, J.-J. Dubochet et Cie*, 1845. gr.
in-8. demi-rel. dos et coins de mar. vert olive. dos orné,
fil. sur les plats. non rog. (*Champs*).

> Première édition avec la couverture. — **Très rare.**
> Exemplaire auquel on a ajouté 2 caricatures originales à l'encre.
> On lit sur le faux-titre : Donné à E. André par le duc Bernard de
> Saxe-Weimar, le 1er avril 1845.
> De la Bibliothèque de Mr F. Raisin.

162. **TOPFFER** (R.). Voyages en zigzag. ou Excursions
d'un Pensionnat en vacances. dans les cantons suisses et
sur le revers italien des Alpes, illustrés d'après des dessins
de l'auteur et ornés de 15 grands dessins, par M. Calame.
Paris. J.-J. Dubochet et Cie. 1844. gr. in-8. demi-rel. dos
et coins de mar. vert, dos plat à nerfs avec ornem. dor..
fil. sur les plats. non rog.. couv. (*Champs*).

> Première édition.
> Exemplaire absolument non rogné.

163. **TOPFFER** (R.). Nouveaux Voyages en zigzag à la
Grande Chartreuse. autour du Mont Blanc. dans les vallées
d'Herenz. de Zermatt. au Grimsel. à Gênes et à la Corni-
che. précédés d'une notice par Sainte-Beuve, illustrés
d'après les dessins originaux de Topffer. par MM. Calame,
Karl Girardet. Français, Daubigny. de Bar. Gagnet, Forest.
Paris. V. Lecou. 1854. gr. in-8. demi-rel. dos et coins de
mar. vert. dos plat à nerfs avec ornem. dor., fil. sur les
plats, non rog. (*Champs*).

> Très bel exemplaire de premier tirage absolument non rogné. avec
> la couverture conservée.

164. **Verne** (Jules). Les Tribulations d'un Chinois en Chine.
Illustrations par Benett. *Paris. J. Hetzel et Cie. s. d.*. gr.
in-8. br.. couv. illust.

> Premier tirage.
> L'un des rares exemplaires tirés sur **papier de Chine**.

165. Villiers de l'Isle-Adam. L'Annonciateur. Dix compositions de Louis-Ed. Fournier, gravées à l'eau-forte par X. Lesueur. *Paris, F. Ferroud*, 1905, in-12, br., couv.

> Tiré à 350 exemplaires numérotés (n° 1(2). — L'un des **25** sur **papier vélin d'Arches**, contenant deux états des eaux-fortes, dont l'eau-forte avec remarque.

166. Willette (Adolphe). Œuvres choisies, contenant 100 dessins choisis dans le Courrier Français de 1884 à 1901 ; préface illustrée de l'auteur. *Paris, H. Simonis Empis*, 1901, in-12, br., couv. illust. en coul.

167. Willy. La Môme Piérate ; roman. *Paris, Albin Michel*, s. d., in-12, br.

> Édition originale, avec la couverture.
> L'un des **30** exemplaires sur **papier de Hollande** (n° 14).

168. Zola (Emile). L'Assommoir. Édition illustrée, par MM. A. Gill, F. Régamey, G. Bellenger, A. Garnier, etc., etc. *Paris, Marpon et Flammarion, s. d.*, gr. in-8, en feuilles, couv.

> Exemplaire de premier tirage.

169. Zola (Emile). La Bête humaine. *Paris, G. Charpentier et Cie.*, 1890, in-12, br.

> Édition originale, avec la couverture.
> L'un des **250** exemplaires sur **papier de Hollande** (n° 66).

170. Zola (Emile). Le Docteur Pascal. *Paris, G. Charpentier et E. Fasquelle*, 1893, in-12, br.

> Édition originale, avec la couverture.

171. Zola (Emile). Fécondité. *Paris, Charpentier et Fasquelle*, 1899, 2 vol. in-8, br., couv.

> Édition originale, avec les couvertures.
> L'un des **50** exemplaires numérotés à la presse sur **papier du Japon**, tirés sur les caractères mobiles (n° 25).

172. Zola (Emile). Germinal. *Paris. Charpentier et Cie.* 1885. in-12, br.

Edition originale, avec la couverture.

173. Zola (Emile). Nana. *Paris, G. Charpentier.* 1880. in-12. cart. dos de perc., non rog. (*Pierson*).

Edition originale, avec la couverture.
Envoi autographe de l'auteur à Edouard Sylvin.

174. Zola (Emile). Le Naturalisme au Théâtre. Les Théories et les Exemples. *Paris. G. Charpentier,* 1881. — Nos Auteurs dramatiques. *Paris. G. Charpentier,* 1881. Ens. 2 vol. in-12. cart. dos de perc., non rog. (*Carayon*).

Editions originales, avec les couvertures.

175. Zola (Emile). L'Œuvre. *Paris. G. Charpentier et Cie,* 1886. in-12. br.

Edition originale, avec la couverture.

176. Zola (Emile). Le Rêve. *Paris. G. Charpentier et Cie.* 1888. in-12. br.

Edition originale, avec la couverture.

177. Zola (Emile). La Terre. *Paris. G. Charpentier et Cie.* 1887. in-12. portr. ajouté de l'auteur. cart. dos de perc., non rog. (*Pierson*).

Edition originale, avec la couverture.

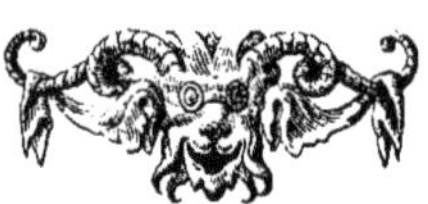

Arras. — Imp. Schoutheer Frères, rue des Trois-Visages, 53.

www.ingramcontent.com/pod-product-compliance
Ingram Content Group UK Ltd.
Pitfield, Milton Keynes, MK11 3LW, UK
UKHW031741170726
13836UKWH00002B/808